Logli Leseförderung

Annette Neubauer

Schnurre, der kleine Seehund

Illustrationen von Corina Beurenmeister

Loewe

Auf der Sandbank

Schnurre ist ein sehr neugieriger
kleiner Seehund.
Nichts mag er lieber,
als das Meer zu erkunden.

Nur selten liegt er mit
anderen Seehunden auf einer Sandbank.
Doch wenn die Sonne scheint,
findet er es auch an Land schön.
Sein Fell wird dann ganz warm.
Aber das Meer funkelt ihn an
und lädt ein zu neuen Abenteuern.

LESE-RÄTSEL

Wo liegt der kleine Seehund? Kreuze an.

☐ Schnurre liegt auf einem Sandsack.

☒ Schnurre liegt auf einer Sandbank.

☐ Schnurre liegt in einem Sandkasten.

Im Meer gibt es so viel zu entdecken!
Deswegen hält Schnurre es nicht lange aus,
einfach nur so faul herumzuliegen.
Langsam robbt er mit seinen
beiden Vorderflossen zum Wasser.

Genüsslich lässt sich der kleine Seehund
ins kühle Meer gleiten.
Denn so tollpatschig er sich
im Trockenen bewegt,
so geschickt schwimmt er jetzt los.

LESE-RÄTSEL

Was passiert zuerst, was danach?
Ordne die Bilder, und schreibe die Zahlen von 1 bis 4 in die Muscheln.

Am Meeresgrund

Vorbei an Fischen und Seepferdchen
taucht Schnurre zum Meeresgrund hinab.

„Tag, Schnurre!“, ruft ihm seine kleine
Freundin Karla, die Krabbe, entgegen.
„Du trägst deinen Namen zu Recht!“
Schnell läuft sie auf Schnurre zu,
um ihm am Schnurrbart zu ziehen.
„Lass das!“, beschwert sich Schnurre.
„Sag mir lieber, ob es was Neues gibt!“
„Hier unten? Nur alte Eimer!“,
erklärt Karla und läuft weiter.

LESE-RÄTSEL

Zu jedem Bild passt genau ein Satz.
Streiche jeweils den falschen Satz durch.

Schnurre sieht ein Seepferdchen.

Schnurre sieht einen Anker.

Schnurre entdeckt am Meeresgrund eine Muschel.

Schnurre begegnet am Meeresgrund einer Krabbe.

Karla zieht Schnurre am Schnurrbart.

Karla zwickt Schnurre in die Nase.

Doch Schnurre ist nicht lange allein.

„Hallo, alter Junge!“,

hört er den Tintenfisch Theo rufen.

„Wieder auf Entdeckungsrunde?“

Dabei umarmt Theo Schnurre ganz fest

mit seinen Tentakeln.

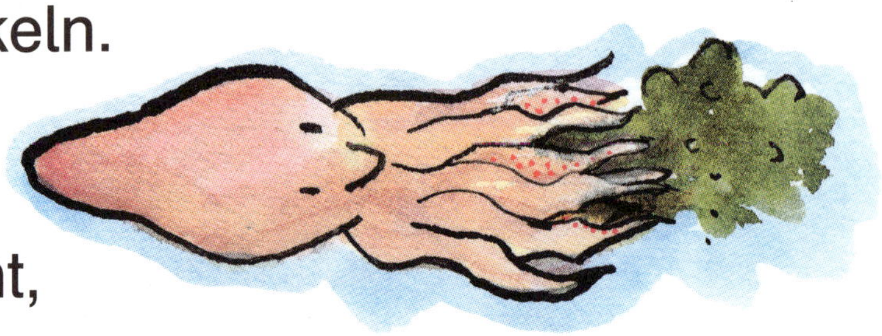

Schnurre versucht,

sich aus den Armen des stürmischen

Meeresbewohners zu befreien.

„Ja, ich bin auf der Suche

nach neuen Abenteuern“, antwortet er.

„Gut! Flosse voraus“, sagt Theo

und klopft Schnurre auf die Schulter.

LESE-RÄTSEL

Welche Wörter fehlen?
Lies nach, und ergänze richtig.

Schnurre ist nicht __________ allein.

Theo __________ Schnurre ganz fest.

Schnurre versucht, sich aus Theos Armen zu __________.

Der Hinweis

„Gibt es was Neues?“, fragt Schnurre.
Theo denkt angestrengt nach.
„Gestern habe ich seit langer Zeit
mal wieder Sigmund getroffen.
Der hat mich vielleicht erschreckt!
Ging mir ziemlich an die Tinte.“

Sigmund ist ein Seeskorpion.
Liebend gerne versteckt er sich
im schlammigen Meeresboden,
um plötzlich unerwartet aufzutauchen.
„Und sonst?“, fragt Schnurre enttäuscht.

LESE-RÄTSEL

Hier hat sich ein Wort zu viel eingeschlichen.
Streiche es durch.

Seeskorpione verstecken sich gerne
im mitten Meeresboden.

„Willst du was erleben,

frage die Makrelen“, rät Theo seinem Freund.

„Jetzt muss ich aber wirklich weiter.“

Schnell schwimmt Theo davon.

Dabei zieht er seine Tentakel zusammen

und verschwindet in einer Felsspalte.

„Stimmt“, denkt Schnurre.

„Die Makrelen kommen weit herum.

Die wissen bestimmt,

ob mal wieder ein Schiff untergegangen

oder wo ein Piratenschatz versteckt ist.“

Aber wo sind bloß die Makrelen?

LESE-RÄTSEL

Wohin verschwindet Theo?
Male einen Pfeil dorthin.

Die glitzernde Wolke

Während Schnurre noch überlegt,
zischt Henriette Hering an ihm vorbei.
„Warte mal!“, ruft ihr Schnurre nach.
„Weißt du, wo die Makrelen sind?“

Einen Moment hält Henriette inne
und blickt Schnurre verstört an.
„Sie sind hinter mir her!“, blubbert sie.
Dabei achtet sie darauf,
Schnurre nicht zu nahe zu kommen.
Denn Henriette weiß: Auch
kleine Seehunde haben oft großen Hunger!

LESE-RÄTSEL

Wer ist hinter Henriette her? Kreise ein.

Schnurre blickt sich um und
erblickt eine glitzernde Wolke,
die langsam auf ihn zukommt.
Aber der kleine Seehund lässt
sich nicht täuschen:
Er schwimmt direkt in die Wolke hinein
und landet mitten im Makrelenschwarm.

„Guten Tag zusammen!“,
begrüßt Schnurre die Fische.
Erschrocken schauen die Makrelen
den kleinen Seehund an. So richtig wohl
fühlen sie sich nicht in seiner Nähe.

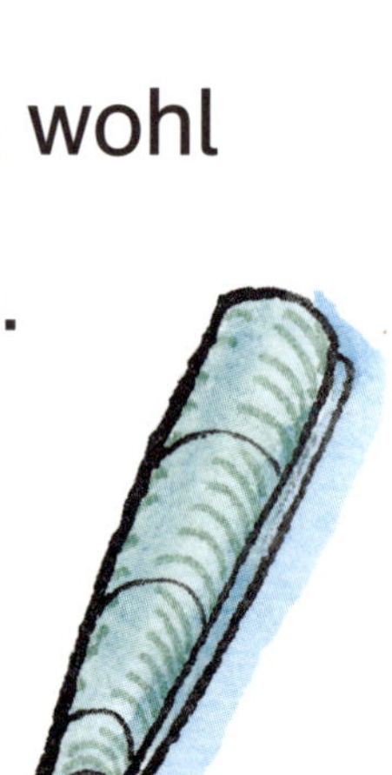

Welches Bild passt zum Text?
Male den passenden Seestern aus.

Im Makrelenschwarm

„Ha..., Hallo!“, stottert eine von ihnen
endlich nervös.
„Guten Tag!“, säuselt eine andere.
„Schön, dich zu sehen!“, sagt
eine dritte und versucht dabei zu lächeln.

Doch Schnurre hat bereits einige
leckere Happen gefrühstückt.
„Ich habe keinen Hunger“,
beruhigt er die Makrelen.
„Ich wollte mich bei euch erkundigen,
ob es was Neues zu entdecken gibt!“

LESE-RÄTSEL

Was sagt Schnurre zu den Makrelen?
Schreibe den Satz zu Ende.

„Puh!“, seufzt eine kleine Makrele links
neben ihm erleichtert.
„Versuch’s mal am Strand.“
„Stimmt!“, bestätigt eine dicke Makrele
auf seiner rechten Seite.
„Da ist im Moment ziemlich viel los.
Es wimmelt von weißen Wesen,
die platt auf dem Wasser liegen.“

„Sie haben vier Tentakel“, kichert
die kleine Makrele in Schnurres Ohr.
„Und schwimmen so,
als ob sie nicht nass werden wollen.“

Welche Makrelen sprechen mit Schnurre?

Kreise sie ein.

Seltsame Meeresbewohner

Das ist doch endlich eine Auskunft,
die einen spannenden Tag erwarten lässt!
„Was sind das bloß für Meeresbewohner,
die auf dem Wasser schwimmen
und vier Tentakel haben?“,
fragt sich Schnurre neugierig.

Einige Enten und Möwen sind weiß
und lassen sich manchmal
auf dem Wasser treiben.
Aber Schnurre weiß genau,
dass Vögel nur zwei Beine haben.

LESE-RÄTSEL

Welche Vögel werden auf der linken Seite genannt? Schreibe auf.

______________ und ______________

„Auf zum Strand!“,

ruft Schnurre entschlossen.

Er legt sich auf seinen Rücken und

lässt sich nahe

an der Wasseroberfläche treiben.

„Nach Osten“, überlegt Schnurre.

„Da muss ich hin.“

Die warmen Sonnenstrahlen

scheinen durch das Wasser.

Fröhlich dreht sich Schnurre

um die eigene Achse.

Für einen kurzen Moment vergisst

der kleine Seehund einfach

alles um sich herum.

LESE-RÄTSEL

Wohin muss Schnurre?

Kreise die Himmelsrichtung ein.

Der Schatten

Doch plötzlich erscheint ein Schatten
an der Wasseroberfläche.
„Was für eine große Qualle“,
wundert sich Schnurre.
„Die kenne ich noch gar nicht.“
Schnurre schwimmt auf sie zu.

Von unten sind nur vier weiße Beine
und ein Fetzen bunter Stoff zu sehen.
„So etwas ist mir ja noch nie begegnet“,
überlegt Schnurre und
steckt seinen Kopf aus dem Wasser.

LESE-RÄTSEL

Welches Tier, glaubt Schnurre, schwimmt über ihm? Male den richtigen Rahmen bunt aus.

„Ahhhh!“ Anstelle einer Begrüßung

hört Schnurre einen lauten Schrei.

Er blickt in ein erschrockenes Gesicht.

Verwundert beobachtet Schnurre,

wie das fremde Wesen anfängt,

wild mit den Armen zu rudern.

Dann dreht es um und

schwimmt prustend zum Strand.

„Was für eine merkwürdige Qualle“,

wundert sich Schnurre.

„Und am Strand gibt es sogar

ganz viele davon.“

LESE-RÄTSEL

Was passiert, als Schnurre seinen Kopf aus dem Wasser steckt? Streiche die falschen Sätze durch.

Eine Frau schwimmt auf Schnurre zu.

Eine Frau lächelt Schnurre an.

Eine Frau beginnt zu schreien.

Strandleben

Und tatsächlich:

Der Strand ist voller weißer und
roter Wesen, die in der Sonne liegen,
Eis essen oder Burgen bauen.
Auch Nele und ihr Bruder Kai
spielen am Wasser.

„Ein Seehund!", ruft Nele plötzlich
aufgeregt.
Dabei lässt sie ihren Ball fallen
und zeigt mit dem Finger zum Meer.
„Da hinten! Und Tante Uta wäre fast
mit ihm zusammengestoßen."

LESE-RÄTSEL

Hier haben sich drei Fehler eingeschlichen.
Findest du sie?

Kai schaut angestrengt zum Horizont.
Doch er kann nichts erkennen.
„So ein Quatsch!“, sagt er
zu seiner kleinen Schwester.

„Doch, da hinten war eben ein Seehund!“,
verteidigt sich Nele.
„Du spinnst!“, antwortet Kai genervt.
„Dann fragen wir eben Tante Uta“,
schlägt Nele beleidigt vor.
„Also gut“, lenkt Kai widerwillig ein.
Gemeinsam winken sie ihrer Tante zu,
die erschöpft aus dem Wasser kommt.

LESE-RÄTSEL

Wohin schaut Kai? Male die richtige Muschel an.

- zu den Möwen
- zur Sonne
- zum Horizont

Ballwechsel

„Tante Uta!“, ruft Nele schon von weitem. „Hast du einen Seehund gesehen?“ „Das habe ich“, antwortet die Tante. „Und ich hoffe, ich habe den Seehund nicht genauso erschreckt wie er mich.“ „Toll!“, ruft Kai. „Seehunde kenne ich nur aus dem Zoo!“

Nele und Kai schauen immer wieder zum Meer. Und tatsächlich: Plötzlich entdecken sie über seidigen Barthaaren zwei dunkle Knopfaugen!

LESE-RÄTSEL

Woher kennt Kai Seehunde?
Male den passenden Fisch an.

Kai überlegt nicht lange.
Er nimmt den bunten Ball und
wirft ihn dem kleinen Seehund zu.
Schnurre gleitet unter Wasser.
Kurz darauf taucht er wieder auf.
Einen Moment tanzt der Ball
auf seiner Seehundnase!
Dann nimmt Schnurre Schwung,
und der Ball fliegt
zurück zum Ufer.

Schnurre schaut dem Spielzeug nach,
bevor er wieder im Meer verschwindet.
Jetzt will er schnell zu seinen Freunden.

LESE-RÄTSEL

Was tanzt auf Schnurres Nase? Male es hinzu.

Unter Freunden

„Karla! Theo!“, ruft Schnurre,
als er wieder am Meeresgrund ist.
Neugierig steckt Theo den Kopf aus einer
Felsspalte. Karla läuft eilig herbei.

„Ich habe am Strand riesige rote und
weiße Quallen gesehen“, beginnt Schnurre.
„Mit tollen runden Spielzeugen und ...“
Weiter kommt er nicht:
Karla und Theo prusten los.
Es gibt wirklich noch viel Neues für
ihren kleinen Freund zu entdecken!

LESE-RÄTSEL

Welche Wörter sind auch auf der linken Seite?
Kreise sie ein.

Lösungen

Seite 3: Schnurre liegt auf einer Sandbank.

Seite 5:

Seite 7: Diese Sätze sind richtig: Schnurre sieht ein Seepferdchen. Schnurre begegnet am Meeresgrund einer Krabbe. Karla zieht Schnurre am Schnurrbart.

Seite 9: Schnurre ist nicht lange allein.
Theo umarmt Schnurre ganz fest.
Schnurre versucht, sich aus Theos Armen zu befreien.

Seite 11: Seeskorpione verstecken sich gerne im ~~mitten~~ Meeresboden.

Seite 13:

Seite 15:

Seite 17:

Seite 19: „Ich wollte mich bei euch erkundigen, ob es was Neues zu entdecken gibt!“

Seite 21:

Seite 23: Enten und Möwen

Seite 25: Schnurre muss nach **O**sten.